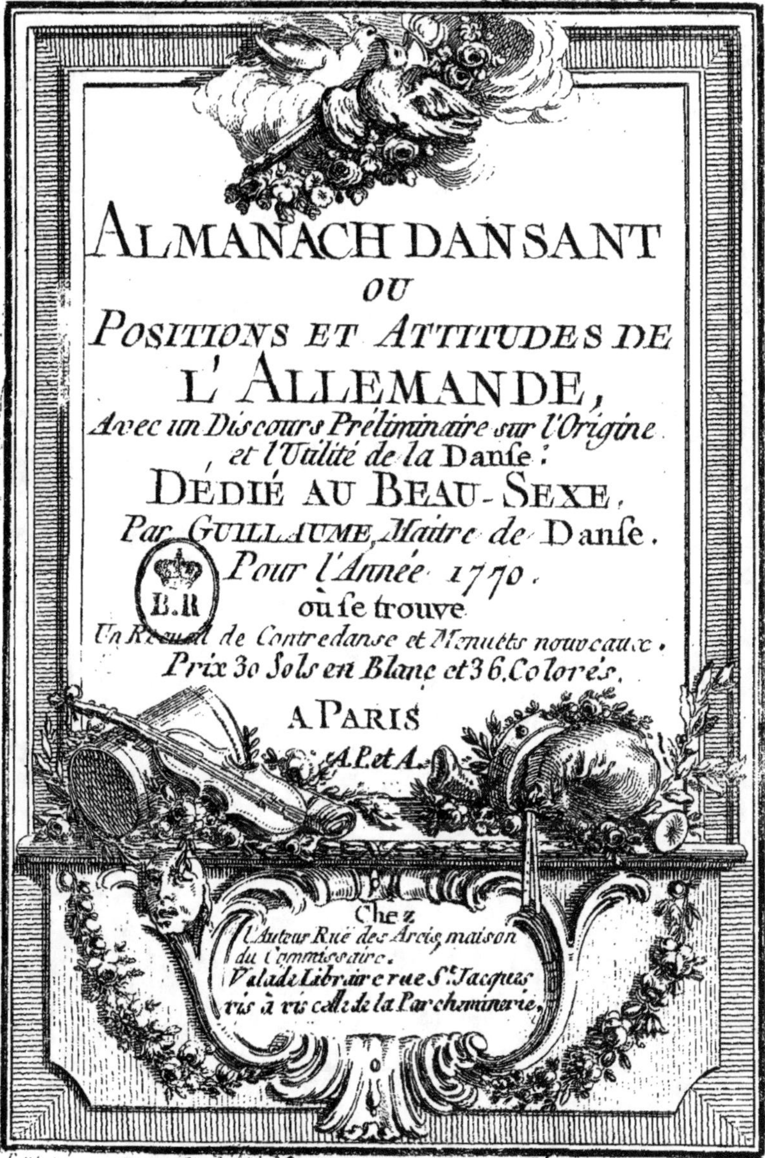

Et Chez Dufour, Rue de la Vieille Draperie.

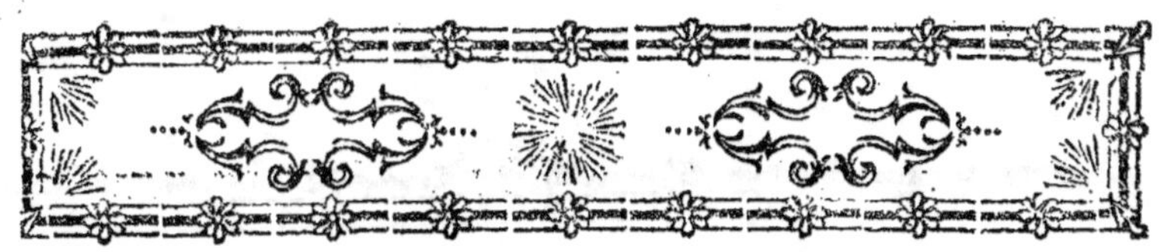

DÉDICACE

AU

BEAU SEXE.

O Vous du monde entier l'ornement & la gloire,

Dont le goût sûr & délicat

Décide toujours la victoire

Entre Rivaux du même état ;

Mesdames, si sur cet Ouvrage

Vous daignez arrêter un regard de faveur,

Heureux présage pour l'Auteur,

Du Public il aura sûrement le suffrage.

Eh ! comment pourriez-vous refuser d'applaudir

Aux travaux d'un Art noble & né pour le plaisir ?

Qui donne un nouveau lustre aux grâces

Que la nature mit en vous,

Et qui fait que les cœurs de vous plaire jaloux,

Conduits par les Amours, volent tous sur vos traces.

A

AVERTISSEMENT
DE L'AUTEUR.

L'ACCUEIL favorable du Public pour mon Almanach Danſant de l'année derniere, m'a engagé à faire quelques changemens & augmentations dans celui-ci, pour tâcher de le rendre encore plus intéreſſant. J'y donne des Notes hiſtoriques ſur la Danſe, extraites de l'Hiſtoire générale de cet Art, par M. Bonnet; l'Approbation du reſpectable Abbé *Richard*, Doyen des Chanoinesde ſainte Opportune à Paris, Prieur, Seigneur de l'Hôpital, &c. un des plus zélés apologiſtes de cet Auteur, m'a déterminé à puiſer dans cet Ouvrage les traits d'hiſtoire que j'ai inſérés dans celui-ci. D'ailleurs comme l'Hiſtoire n'eſt pas une production du génie, il eſt permis de prendre ſes matériaux par-tout, & particuliérement dans des Auteurs non ſuſpects, ſans paſſer pour plagiaire.

Notes Historiques sur la Danse.

QUOIQUE l'on ne regarde aujourd'hui la Danse que comme un Art simplement utile au divertissement, & même suivant l'opinion de l'Eglise, comme contraire aux bonnes mœurs ; cependant elle doit son origine à plusieurs Divinités & aux plus grands Hommes de l'antiquité la plus reculée. Ce n'est pas la faute des Inventeurs de cet Art, si par succession de tems, son usage a été corrompu par les attraits du luxe & le déréglement des mœurs. Il seroit inutile de rapporter l'union intime qui se trouve entre la Danse & la Musique, tout le monde en est convaincu.

Les Grecs ont donné à la Danse le nom de *Chorographie*, elle sert à soutenir de bonne grace tous les mouvemens du corps, conformément à la cadence des Instrumens.

Platon nous apprend, en traçant l'idée d'une République parfaite, qu'il falloit qu'on donnât ses premiers soins à régler le corps avant que de former l'esprit par l'étude des Sciences ; qu'on apprît la Musique pour régler la voix, & la Danse pour donner à toutes ses actions un air noble, dégagé, & une grace qu'on ne peut acquérir sans cet exercice. Il divise les Danses en utiles & agréables, il en bannit les deshonnêtes, comme celles des Toscans composées de postures lascives & indécentes, que l'on dansoit aux fêtes Saturnales & Baccana-

les , & telles que les danses nuptiales chez les Romain:
du tems de Tibere.

Les Lacédémoniens , qui ont été les plus belliqueu:
de toute la Grece , après avoir appris l'Art de la Dans:
de Castor & de Pollux, la cultiverent avec tant de soin
qu'ils n'alloient plus à la guerre qu'en dansant au so:
de la flûte. Les Thessaliens faisoient tant d'état de l:
Danse , que leurs principaux Magistrats en emprun
toient le nom & s'appelloient *Proorquestres* ou Meneur
de Danses. Cette inscription se lisoit sous leurs statue:

Les Indiens , qui adoroient le soleil dans l'Orient &
dans une partie des Indes occidentales , n'avoient pa
d'autre culte que la Danse au chant des hymnes, pou
marquer leur respect à leur Divinité , au lever & a:
coucher du soleil. Ces sortes de Danses étoient carac
térisées suivant les principes de l'Astronomie. Ce qu:
se pratique encore aujourd'hui dans quelques Isles d:
la Mer du sud , où les Insulaires adorent la Lune &
changent leurs chants & leurs danses en lamentation:
quand ils la voyent obscurcie par les nuages & sur
tout dans le tems des éclipses.

Socrate , le plus sage de son tems , n'a pas seulemen
loué la Danse comme une chose qui sert beaucoup :
donner la bonne grace , mais il voulut encore l'appren
dre dans sa vieillesse , d'Aspasie célèbre Danseuse & très
versée dans les Sciences. Il enjoignit aux peres de don
ner cette instruction à leurs enfans , comme un de
premiers élémens de la vie civile.

Athenée , Liv. 14 , rapporte que les Arcadiens , qu:
ont passé pour des peuples fort sages , avoient coutu.
me d'exercer la jeunesse à la Danse jusqu'à l'âge d:

trente ans. Ces jeunes gens, chaque année, aux <u>Orgies</u>, danfoient fur des théâtres publics, des Ballets au fon des flûtes, pour faire voir qu'ils profitoient en ces exercices.

Les Anciens vouloient que celui qui compofe les Ballets, fût d'une profonde imagination, verfé dans l'Hiftoire comme dans la Fable, & grand Naturalifte ou bon Phyficien, pour caractérifer les paffions, comme il eft rapporté plus au long dans Lucien, au Chapitre de la Danfe, où les Curieux peuvent le voir. Ils trouveront, au dire de cet Auteur, qu'il faut être univerfel pour exceller dans la compofition des Ballets.

Néanmoins j'ofe dire, malgré l'opinion des Anciens, qu'un génie heureux, avec quelques principes pour les Spectacles, peut réuffir fans pofféder toutes ces fciences, comme nous l'avons vu & le voyons tous les jours dans nos Compofiteurs de Ballets.

Pytagore & Lucien affurent que la Danfe facrée a été inventée pour le culte de la Religion, d'un tems immémorial. Les Sacrificateurs ou Grands-Prêtres des Juifs, des Egyptiens, des Chaldéens & des Grecs, furent les premiers qui compoferent des Danfes caractérifées, fuivant les attributs des Divinités qu'ils adoroient ; alors les Grands Sacrificateurs à la tête du Sacerdoce, danfoient au chant d'un hymne, une Danfe qui exprimoit les vœux du peuple.

L'Hiftoire Sainte nous fait voir combien la Danfe facrée étoit en vénération chez les Juifs ou les Hébreux, pour la célébration de leurs Fêtes, fuivant la loi qu'ils en avoient reçue de Dieu. C'eft ce qui a fait dire à Saint Grégoire de Naziance, en parlant de la Danfe de David devant l'Arche d'Alliance, qu'elle étoit un myſtere qui nous exprimoit la joie & l'agilité avec laquelle nous devons aller, quand il s'agit de la gloire de Dieu. Le premier acte de Religion où les Hébreux employerent la Danſe ſacrée, fut après le paſſage de la Mer Rouge, l'an du monde 2545, Moyſe & ſa ſœur Marie formerent deux grands chœurs de Muſique, l'un d'hommes & l'autre de femmes, & des troupes de Danſeurs & de Danſeuſes, pour danſer un eſpece de Ballet, ou d'action de grace, ſur l'air d'un cantique contenu au quinzième Chapitre de l'Exode, pour remercier Dieu d'avoir délivré ſon Peuple de la perſécution des Egyptiens, & de la défaite de Pharaon au paſſage de la Mer Rouge.

Les Juifs célébroient, entre autres, trois Fêtes dans l'année, où la Danſe ſacrée faiſoit le principal de la cérémonie avant leur captivité. La première étoit au mois de Mai, pour rendre grace à Dieu des fruits qu'il leur avoit donnés, dont ils lui offroient les prémices dès le lendemain de la fête de Pâques. La ſeconde à la fin de Juillet, après les moiſſons; & la troiſième au mois de Septembre, qui étoit celle des Tabernacles, qui duroit huit jours, avec des jeûnes très-auſteres, en mémoire de la ſortie d'Egypte & du paſſage de la Mer Rouge; c'eſt pourquoi on la célébroit à la campagne ſous des feuillées ou ſous des tentes. Il eſt fait mention dans les deſcriptions des Temples des Juifs, dont on a vu juſqu'à trois, celui de Jéruſalem, celui de *Gariſim* ou de Samarie, & celui qui fut bâti à Alexandrie par le Grand-Prêtre Onias, qu'il y avoit une eſpece de théâtre qu'ils appelloient *Chœur*, & qui étoit deſtiné pour

les Muficiens & les Danfeurs dans l'exercice de la Religion. Le nom de *Chœur* eft demeuré à cette partie des
Eglifes Romaines, où les Prêtres chantent & font leurs
cérémonies , & où l'on danfoit auffi quelquefois [il n'y
a pas fort longtems] aux chants des Cantiques & des
Hymnes de réjouiffance. Le Pere Ménétrier rapporte
même avoir vu , dans quelques Cathédrales , les Chanoi-
nes danfer en rond avec les Enfans de Chœur , furtout
le jour de Pâques.

Après la conftruction des premières Eglifes Chré-
tiennes , les Chrétiens les plus zélés avoient coutume
de s'affembler la nuit , la veille des grandes Fêtes , au devant des Eglifes , pour danfer en rond , au chant des
Hymnes & des Cantiques du Saint dont on folemnifoit
la Fête , & particuliérement aux quatre Fêtes folemnelles de l'année. Mais l'abus de ces fortes d'affemblées
nocturnes obligea le Pape Zacharie de les abolir par un
Décret de l'an 744. Cependant l'Efpagne & le Portu-
gal ont retenu l'ufage des Danfes facrées dans leurs Eglifes , & fur-tout aux Proceffions les plus folemnelles. Il y
a même des théâtres exprès pour ces repréfentations.

Si les cérémonies dont nous nous fervons actuelle-
ment pour célebrer nos Myfteres , font admirées par
es Proteftans les plus déclarés contre tout ce qui s'appelle cérémonie , c'eft qu'elles confiftent en des marches
réglées , décentes & majeftueufes , exécutées fans con-
fufion , & qui forment , pour ainfi dire , un Ballet pieux
& édifiant , compofé de perfonnes ornées & décorées
d'une manière des plus refpectable. Nous voyons encore cette efpece de Danfe en ufage dans les cérémonies
du corps du Parlement de Paris & d'autres Tribunaux.

* Les peres du Concile de Trente donnerent pendant un bal
folemnel paré en masque à l'Emp... ... Apanage à
Trente. Voir. Cahusac , la danfe ancienne et moderne 1753.
Voir aussi les Memoires pour servir à l'histoire de la fefte
des fous.

NOTES HISTORIQUES

du Royaume, où l'on pratique des révérences & des pas qui marquent son antiquité ; elles paroissent tirées de l'Aréopage & du Sénat des Romains.

Les Anciens admettoient la Danse sacrée dans leurs funérailles. Platon rapporte que ceux qui formoient le convoi étoient vétus de blanc. Il y avoit au tour du cercueil deux rangs de quinze filles qui dansoient, & une autre troupe de jeunes garçons qui précédoient le corps, en dansant au son des flûtes & d'autres instrumens à l'usage des pompes funébres. Ce cortege étoit accompagné de femmes d'une extrême vieillesse & vétues lugubrement, qui faisoient les pleureuses ; elles étoient payées à proportion des larmes qu'elles répandoient.

On trouve, dans l'Espion de la cour des Princes, qu'un fameux Peintre nommé Hecmokerke, mourut à Harlem l'an 1574, âgé de 76 ans, sans héritiers, & que ne sachant à qui laisser un bien considérable qu'il avoit amassé par son travail, il s'avisa, pour éterniser sa mémoire, de faire une fondation pour marier un garçon & une fille de son village, deux fois l'année, à perpétuité ; à condition que le jour des nôces, le marié, la mariée & tous les conviés viendroient danser à l'entour de sa fosse, avec six violons & six hautbois ; sur laquelle fosse il y a une grande croix de cuivre, pour marquer la religion du Fondateur : Cet Auteur assure que depuis le tems de cette fondation, l'exécution n'en a pas été interrompue, quoique les habitans du lieu ayent changé de religion.

La représentation des Ballets est une maniére d'instruction pour la règle des mœurs, qui imite par les mouvemens de la Danse toutes les actions humaines. C'est ce qui a fait dire à Plutarque que le Ballet est une poésie muette, parce que, sans rien dire, il s'exprime par les gestes & par les mouvemens. C'est aussi une espece de peinture; mais le Ballet a cet avantage sur elle, que la Peinture ne peut exprimer qu'un mouvement, toutes ses figures demeurant toujours dans la même situation, au lieu que le Ballet est une suite de mouvemens successifs.

Quelque bonne idée que l'on puisse avoir des préceptes de la Danse des Anciens, j'ai peine à croire qu'ils l'ayent emporté sur ceux que nous avons vus depuis quelques années en France. Il est vrai que leurs principes ont beaucoup servi à perfectionner notre Danse, de sorte qu'il n'est point de Nation qui puisse se vanter aujourd'hui de l'emporter sur les François pour le caractere de toutes sortes de Danses, tant pour la composition que pour l'exécution. En effet, les Ballets se sont si fort perfectionnés, qu'il n'est pas de sujets dont on ne puisse faire une représentation aussi récréative que convenable au théâtre. Il y avoit à la vérité, bien peu d'imagination dans la plupart des Ballets qui se dansoient vers le quinziéme siecle, & l'on prenoit le plus souvent des sujets ingrats & ridicules, comme les Quolibets, le Landy, le Château de Bicêtre, &c.

On prétend que, sous le regne de Louis XIII, ce fut le Duc de Nemours qui composa tous les Ballets, où le Roi dansa au Louvre avec toute sa Cour. Ce Duc étoit fort sujet à la goutte; & comme il aimoit la Danse passionnement, il composa, en 1630, un Ballet de Goutteux, & se fit apporter dans un fauteuil ayant la goutte & une canne à la main, pour tenir son rang parmi les Danfeurs. Il n'auroit pas été furprenant, dans ce tems-là, de voir exécuter un Ballet de Fluxion de Poitrine. *ouf!*

Il feroit trop long de rapporter ici tous les traits d'hiftoire qui prouvent l'ancienneté de la Danfe & le cas que l'on en a toujours fait ; mon but n'étant pas d'en donner l'hiftoire dans toute fon étendue, *il* me fuffit de faire voir combien elle eft néceffaire pour donner tout le maintien & la bonne grace, dont une perfonnne qui a de l'éducation, a befoin pour fe préfenter en compagnie & en faire l'agrément. J'en reviens auffi aux avantages qu'elle procure pour la fanté, car tout le monde convient que l'exercice en général y eft bon & même indifpenfable en certains cas. Or la Danfe eft un exercice, & d'autant plus avantageux qu'il convient aux deux fexes, & les femmes ont autant befoin, pour fe bien porter, de s'exercer que les hommes La joie & la gaité font auffi des moyens très-efficaces pour la fanté, & il eft certain que dans le tems que l'on danfe ou que l'on chante, on ne penfe à aucunes affaires férieufes ou triftes ; il n'en eft pas de même des autres exercices. Le Chaffeur, en fuivant fon gibier, conferve affez fouvent dans fon cœur, les fujets d'inquiétude qui l'agitoient à la maifon. Le Joueur de Paume incertain de gagner, ou fâché d'avoir fait un mauvais coup, refte quelquefois dans une perpléxité, qui jointe à la fatigue le rend encore plus trifte qu'il n'étoit auparavant. *Le Cavalier a beau courir, le chagrin monte en croupe & galope avec lui,* dit Boileau. On m'objectera peut-être, que comme on ne peut pas danfer ou chanter continuellement, cette gaité, dont je fais tant de cas, peut cefser avec la Mufique ou la Danfe ; j'en conviens, mais c'eft toujours du bon-tems que l'on s'eft donné. Tous les hommes, dira-t-on, n'ont pas la même difpofi-tion pour la Danfe ; cela eft vrai, mais il y en a de tant de fortes qu'on en peut trouver de propres à tous les tempéremmens : fi l'on en veut de graves, le Menuet eft bon pour ceux qui ne font pas agiles. A-t-on befoin de n'exercer que les jambes ? il y a des Danfes compo-fées de pas difficiles & vifs, & où le corps n'agit pas avec trop de vivacité. Veut-on donner à toutes les par-ties du corps beaucoup d'exercice & d'agitation ? on peut danfer l'Allemande. Cette Danfe, nouvellement à la mode, eft celle qui eft la plus capable de remplir cet objet ; c'eft ce qui fait que je me fuis plus étendu fur celle-là que fur les autres.

AVERTISSEMENT POUR L'ALLEMANDE.

CETTE Danfe nous vient & prend fon nom, comme tout le monde fait, de l'Allemagne, mais elle s'exécute ici bien differament. Comme chaque Maître a fa façon de l'enfeigner, je me fuis hafardé de donner au Public une idée des différentes pofitions & des attitudes qui la compofent, avec la maniere de paffer de l'un à l'au-tre, le tout tiré des meilleurs Maîtres. J'ai eu grand foin de fupprimer toutes les poftures gênantes qui ren-dent plutôt cette Danfe une étude d'adreffe & de fou-pleffe qu'un pur exercice d'agrément.

Plufieurs Maîtres ont critiqué les premieres figures

que j'ai données au Public, les attitudes leur ont paru trop simples & trop connues. Il faut ignorer ce que c'est que la Danse pour désapprouver ce qui en fait le plus bel ornement; c'est-à-dire, la simplicité, cette grace & cette noblesse qui servent à développer la belle nature. Tous ces agrémens sont incompatibles avec la gêne & la torture qu'on auroit voulu que j'introduisisse dans ces attitudes; & d'ailleurs les enchaînemens difficiles n'étant pas susceptibles d'attitudes, n'offriroient rien de gracieux à la vue. Je ne fonde pas ma justification sur le jugement seul; mes Censeurs se refuseront-ils à un fait dont ils font eux-mêmes l'expérience tous les jours? Ils enseignent le Menuet, & s'ils le connoissent bien, je suis persuadé qu'ils conviendront que c'est son élégante simplicité qui en fait le principal mérite. Mais pourquoi cette même simplicité seroit-elle bannie de toute autre Danse?

Pour revenir à l'Allemande, il est bon d'avertir que cette Danse n'étant point réglée, il est facile de la rendre plus où moins longue en répétant ses différens enchaînemens, que j'ai divisés en trois positions principales pour la facilité des personnes qui desireront la danser comme je l'enseigne, & apprendre la maniere de passer d'un tableau à l'autre. La premiere de ces positions est de tenir la main gauche de sa Dame avec la droite. La seconde de se tenir les mains naturellement, la gauche de la Dame avec sa droite, & la droite avec sa gauche. La troisieme de croiser les bras avec ceux de sa Dame, en observant que le gauche se trouve dessus. Il est bon que les Amateurs soient attentifs à ces positions pour la suite des passes & enchaînemens.

EXPLICATION DES PAS DE L'ALLEMANDE.

IL y a plusieurs sortes de Pas qui servent à danser l'Allemande, mais je me bornerai à l'explication des plus usités & analogues à cette Danse. Le vrai Pas pour l'Allemande ordinaire, ou de deux quatre, se fait par une espece de Pas de bourée jetté, & marque trois tems. Voici comme je l'enseigne à mes Ecoliers.

Je leur fais faire un petit jetté à la quatrieme position sur le pied droit ; le gauche marque le deuxieme tems en se rapprochant du droit à la troisieme, & le droit se détache en avant entre la troisieme & quatrieme. Les genoux pliés pour recommencer le jetté sur la jambe gauche Ce Pas se fait de la même maniere de côté & en arriere ; & pour lui donner plus d'agrément, on peut faire une petite ouverture de jambes en faisant le jetté, la pointe bien en dehors & le cou du pied tendu.

L'autre Pas, pour les Allemandes, en trois huit, se fait en posant la pointe du pied droit & sautant dessus, ce qui forme deux tems ; ensuite la même chose du pied gauche, soit en avant soit en arriere : ce qu'on appelle balancers dans les Danses Allemandes, n'est autre chose qu'un Pas en avant, & un autre en arriere sans quitter sa place, ou un de côté à droite, & un autre à gauche.

A 7

EXPLICATION des XII. Tableaux suivans, & la façon de passer de l'un à l'autre.

I.

Le Cavalier tenant sa Dame à la premiere position, fait un double balancé avec elle, & lui fait faire une course au tour du cercle ; la fait passer sous son bras & se couvre.

I I.

Le Cavalier après avoir passé, prend la main gauche de la Dame avec la sienne, & se retournant, se trouve le bras gauche derriere ; passe dessous & la fait aussi passer.

I I I.

Le Cavalier présente la main droite à celle de la Dame sans lâcher l'autre, à la troisieme position, la fait tourner sous le bras pour faire une passe-croisée en avant, passe lui-même sous les droits, les laissant élevés & les gauches derriere.

I V.

Le Cavalier lâche la main gauche de sa Dame, la fait tourner & la lui reprend devant. Il lâche à son tour la droite, tourne comme a fait la Dame & lui reprend devant ; il passe dessous les bras gauches, qui se trouvent derriere lui, & fait faire à sa Dame plusieurs passes-croisées en avant & en arriere.

V.

Le Cavalier croise les bras en arriere avec sa Dame pour faire l'Allemande, lâche la main droite, tourne

au tour du bras & se remet en Allemande. La Dame en
fait autant. Ensuite le Cavalier lui tournant le dos, passe
dessous tous les bras par la gauche derriere la Dame ;
passe ensuite sous son bras gauche , & lui fait faire un
tour pour la mettre à la deuxieme position , après quoi
il l'enveloppe sous le bras gauche, le droit derriere.

V I.

Le Cavalier lâche la main droite & la passe sur la tête
de sa Dame pour s'envelopper à son tour ; la Dame
lâche la main droite & fait comme le Cavalier, lequel
passe sous les bras qui se trouvent derriere lui , & forme
un tableau entre les bras gauches ; ils passent ensemble
dos à dos pour faire le même tableau entre les bras
droits , & developpent par la rosette.

V I I.

Après que le Cavalier & la Dame ont passé plusieurs
fois sous la rosette,& qu'ils ont développé à la deuxieme
position , le Cavalier, sans lâcher la Dame , lui passe le
bras gauche derriere & le droit élevé, la faisant tourner
un demi-tour.

V I I I.

Le Cavalier tourne le dos à sa Dame & la fait tourner
un demi-tour , ensorte qu'elle se trouve le bras droit
derriere lui.

I X.

Le Cavalier passe entre les bras droits pour former le
présent tableau. Ensuite prenant sa Dame à la premiere
position, lui fait faire une passe sous les bras , pendant
laquelle se retournant, il passe le bras gauche devant elle
pour lui prendre la main droite , & passent ensemble
deux fois dos à dos les bras élevés. Ensuite le Cavalier
se pliant, passe sous les bras par la droite , pour tourner
un tour, après quoi repassant dos à dos deux fois, il
plie encore , tourne un demi-tour & sort dans le milieu

entre les bras de fa Dame, & fe relevant, lui met les mains fur les côtés & la fait tourner deux fois.

X.

Le Cavalier reprend fa Dame à la derniere pofition; renverfe la main droite fur fon épaule gauche & lui renverfe fa droite fur la fienne. Enfuite il tourne demi-tour fous les bras. Ils font après ce tableau plufieurs enchaînemens de même.

X I.

Après les paffes précédentes, on peut faire une courfe & battre la mefure : enfuite le Cavalier prenant fa Dame à la troifieme pofition, la fait tourner devant lui, tourne un demi-tour fous les bras droits, & fe paffe les gauches derriere, il paffe deffous & fait tourner fa Dame deux tours pour former ce tableau, puis il la fait retourner deux fois, paffe fous les bras gauches pour placer les droits derriere, paffe deffous & fait tourner fa Dame deux fois pour former le même tableau de l'autre côté.

X I I.

Le Cavalier développe & fe trouve les bras gauches derriere & les droits devant. Enfuite il lâche la main droite & la paffe derriere fa Dame pour la lui reprendre, & paffant deffous par derriere elle, forme un tableau à fa droite, les bras droits élevés & les gauches derriere. Ils tournent enfemble dos à dos, paffant fous les bras droits. On peut répeter cette paffe trois fois. Après quoi, fans fe lâcher, le Cavalier paffe devant fa Dame les bras gauches élevés & fe trouve à fa droite. Puis il paffe en fe renverfant, le corps avant le bras, fous les bras gauches, & fe pliant tourne par la droite un tour fous les bras, un tour entre les bras, & un troifieme où tous les bras fe trouvent fous fon bras gauche; puis fe relevant, fans quitter les mains, fait tourner fa Dame deux fois fous fes bras, paffe devant elle & lui laiffe tomber le bras gauche fur fon épaule en lui paffant le droit derriere elle, conformément au préfent tableau.

Suivent
les 12. tableaux
de l'allemande.

Segnius irritant animos demissa per aurem,
Quam quæ sunt oculis subjecta fidelibus, et quæ
Ipse sibi tradit spectator. — —
　　　　　Hor. de art. poet.
Notre cœur suit toujours l'impression des yeux;
Le raport de l'oreille est moins impérieux.
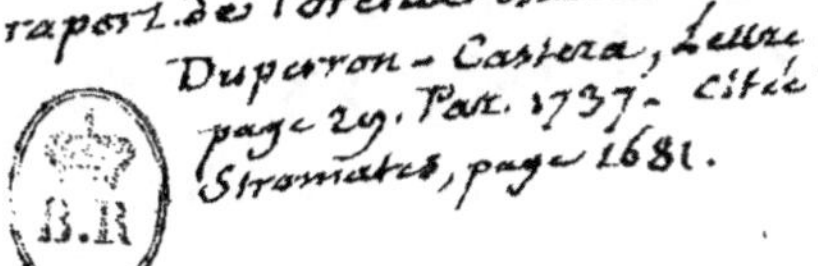
　　　Duperron – Castera, Lettre à Riccoboni.
　　　page 29. Par. 1737. Cité dans mes
　　　Stromates, page 1681.

Picturam spectes, non sanè scripta requiras:
Scripta legas, pictis nil opus esse putes.
　　Gabriel Faerne sur le livre des poissons
　　d'Hippolyte Salvian. 1554. Cité dans
　　mes Stromates, page 997.

Fig. 1.

*Le Cavalier fait passer sa Dame, passe
lui même et se couvre.*

Le Cavalier se retournant prend la main
gauche de sa Dame, passe dessous et la fait
aussi passer.

Apres la passe croisée, Le Cavalier se trouve le
bras droit derriere, et le gauche élevé.

Le Cavalier passe sous le bras droit de sa Dame,
et lui fait faire plusieurs passes croisées en avant et
en arriere.

Le Cavalier enveloppe sa Dame sous le bras
gauche, le droit derriere .

Fig. 6.

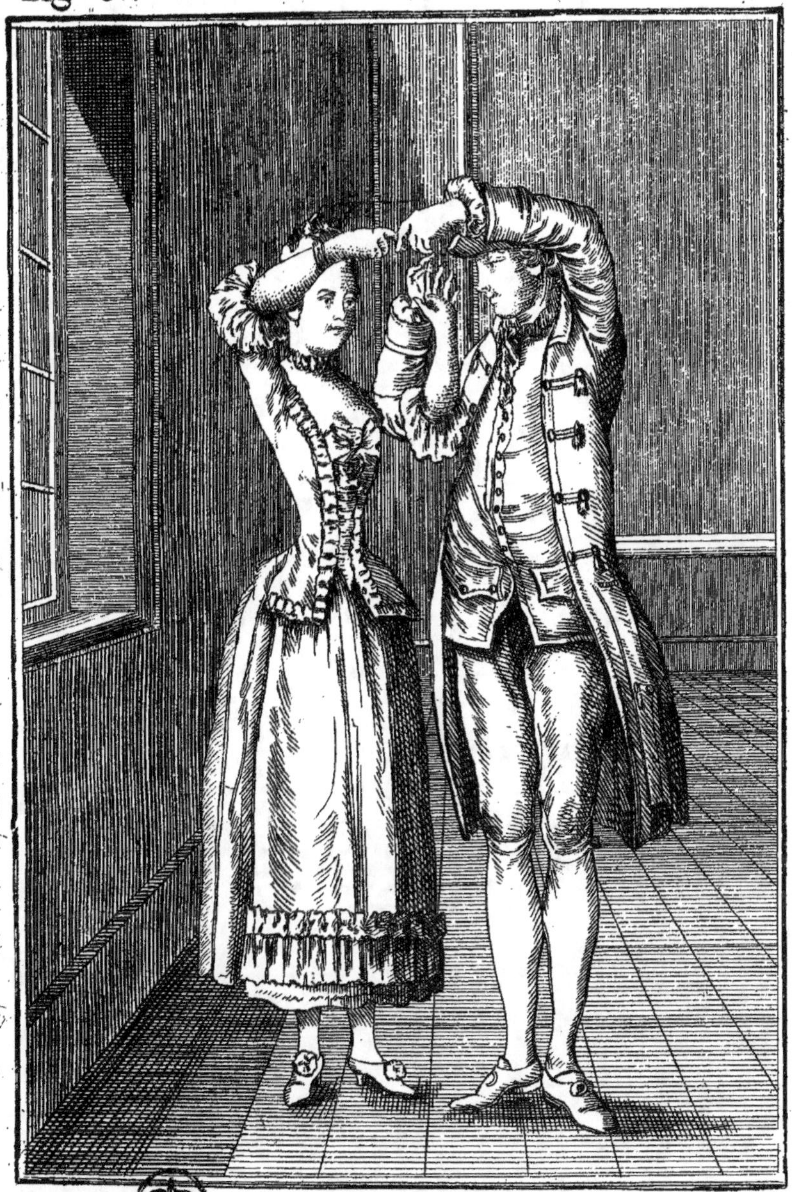

Le Cavalier s'enveloppe à son tour, et passant
sous le bras de derriere, ils forment la rosette.

Le Cavalier fait tourner sa Dame devant lui, le bras
gauche derriere et le droit élevé.

Fig . 8 .

Le Cavalier passe et fait passer sa Dame dos-
à dos .

Fig. 9.

Le Cavalier passe entre les bras droit et forme le
tableau en dessus.

Le Cavalier renverse sa main droite sur l'épaule gauche de sa dame, et lui, renverse sa droite sur la sienne.

Le Cavalier tenant sa Dame à la 3.e position, lui
fait faire deux tours sans la lacher.

Fig. 12.

Le Cavalier passe le bras gauche de sa dame sur
son épaule droite, et lui prend la main droite avec
sa gauche.

RECUEIL

DE CONTREDANSES

ET MENUETS

NOUVEAUX ET CHOISIS,

De la composition des Sieurs SAUTON, LAHANTE
& autres, avec la Description des Figures,

ET

L'EXPLICATION INTELLIGIBLE DES MOUVEMENS
uſités dans toutes les Contredanſes, par le ſieur
GUILLAUME, *Maître de Danſe.*

A PARIS,

Chez { DUFOUR, Libraire, rue de la Vieille Draperie.
Le Sieur GUILLAUME, Maître de Danſe, rue des Arcis
maiſon du Commiſſaire.

M. DCC. LX. LXX.

AVEC APPROBATION.

AVERTISSEMENT.

La difficulté qui se rencontre dans l'exécution des Contredanses d'aujourd'hui, m'a déterminé à mettre à la tête du Recueil que je donne, l'explication la plus claire qu'il m'est possible, de tous les termes usités en ces sortes de Danses. En effet, je me suis apperçu plusieurs fois dans différentes Assemblées, qu'il étoit impossible de danser une Contredanse, sans Répétiteur, lequel se donne un mal incroyable pour faire comprendre des termes que peu de personnes entendent, sur tout en province. De plus, comme on ne se croit pas obligé de mettre toute son application pour se procurer un délassement amusant, on est forcé de faire des répétitions pendant une heure, & souvent l'on danse de maniére à ennuyer & dégoûter les Spectateurs & les Danseurs mêmes; & ce faute de savoir les figures que ces Danses exigent. Au moyen de l'explication que je donne, & que j'ai tâché de rendre à portée de tout le monde, on pourra éviter ces inconvéniens.

EXPLICATION DES MOUVEMENS
les plus en usage pour les Contredanses.

CERCEAU-BRISÉ, s'exécute en changeant de place sans lâcher sa Dame, avec les Figurans qui sont à droite ou à gauche. Quelquefois on est sur deux lignes, & l'on change de côté, se tenant tous les quatre.

CHAÎNES : deux Dames se donnent la main droite, en avant ou de côté, les Cavaliers reçoivent de leur main gauche, la gauche de l'autre Dame, & les font tourner un tour. Ce qui fait un changement de places de deux Dames, ce que l'on nomme *demi-chaîne*. Si les Dames retournent à leurs places de la même maniere, elle est entiere & se nomme *chaîne des Dames*.

CHAÎNE DES HUIT, ou GRANDE CHAÎNE : les Cavaliers présentent la main droite à la droite de leurs Dames, la gauche à celle de la Dame de leur droite, lâchent la leur & vont de Dame en Dame tournant à droite & elles à gauche, un tour entier ou demi-tour.

CHAÎNE ANGLOISE, se fait de quatre, soit en avant ou de côté, ayant soin de se faire face. Chaque Cavalier présente la main droite à celle de la Dame qui est devant lui, la gauche à celle de sa Dame ; ce qui fait demi-chaîne ou changement de place. Pour la faire entiere, on continue sans se retourner, en donnant la main droite à la Dame vis-à-vis, & la gauche à la sienne.

CHASSÉS à droite , croisés, ou <u>deſſus deſſous</u>, ſe font en paſſant derriere la Dame qui eſt à ſa droite , à ſa gauche, ou vis-à-vis, pour changer de place avec elle ; ils ſont ſouvent ſuivis de <u>rigodon</u>.

CHASSÉ OUVERT, ſe fait en s'éloignant l'un de l'autre , le Cavalier à gauche & la Dame à droite.

CHASSÉ DE MARQUISE , ſe fait étant ſur deux lignes. On change de place tenant ſa Dame de deux en deux ſur la même ligne.

COURSE, PROCESSION ou PROMENADE , eſt un changement de place en menant ſa Dame. Tous les Figurans ſont en mouvement, les Cavaliers menant leurs Dames changent d'une place à droite , ce qu'on nomme *quart de courſe*. Si l'on change de deux places, c'eſt une demi-courſe , &c.

DEMI-QUEUE DE CHAT , eſt auſſi un changement de place, menant ſa <u>Dame</u> vis à-vis. Quelquefois l'on fait un rigodon. Pour faire la queue de chat <u>entiere</u>, on revient à ſes places, comme on les a quittées.

MOULINETS ; les ſimples ſont lorſque les Cavaliers ou les Dames ſe donnent les mains, droite ou gauche croiſées , pour faire un tour , un demi-tour ou un quart. On nomme *grand Moulinet*, lorſque chaque Dame <u>tient ſon</u> Cavalier <u>pendant</u> ledit moulinet. Il y a des Contredanſes où les Dames, ou Cavaliers, ſe prennent en rond, & les autres poſant une de leurs mains ſur les bras des premiers, tournent enſemble. On appelle cette figure *aîle de Moulin*.

POUSSETTES ; elles ſe font en changeant d'une place

ou de deux, tenant sa Dame des deux mains & la pouſ-
ſant devant ſoi, en la faiſant reculer, ou reculant ſoi-
même. On tourne ainſi les uns au tour des autres. Quelquefois on s'entrelaſſe formant des lacs. Pour exécuter
cette figure, les Cavaliers tiennent chacun leur Dame
des deux mains & ſe font face ſur les côtés en forme de
contre-marche ; tous changent d'une place, quatre paſſant en dedans & les autres en dehors. On continue la
même marche ſans ſe retourner, juſqu'à ce qu'on ſoit à
ſes places, ayant attention de paſſer en dedans & en dehors alternativement.

QUARRÉ DE MAHONY. Pour former ce quarré, il faut
être tous les huit en mouvement. Quatre vis-à-vis vont
en avant, pendant que les autres chaſſent ouvert. Les premiers chaſſent ouvert à leur tour, pendant que les deu-
xiemes vont en avant, c'eſt ce que l'on nomme *demi-
quarré* ; pour le faire entier il faut recommencer & con-
tinuer juſqu'à ſes places.

Voila à peu près les principaux mouvemens des Contredanſes, ou du moins les plus en uſage. Il peut y en
avoir d'autres que les Danſeurs compoſent pour figurer
de certaines Danſes *; mais qui partent du même prin-
cipe

* Comme la danse du loup, ou la queue entre les
jambes. (fort en vogue ſous Henri 4 et Louis 13.)
le branle de Metz, ... ou les hauts-barrois ou la
bête à deux dos .... danſe auſſi ancienne
que le monde, ... ange ..... avoir l'apprit à lire.
Pour l'ordinaire cette danſe ne ſe danſe qu'à deux, voïe
à ce ſujet le curé de Meudon c.1.c.3. le moïen de
parvenir chap. intitulé deſſein. Shakeſpear, dans
ſon Maure de Veniſe, Voltaire dans ſes Comment. ſur
Cor. tome 2. p. 328. et dans ſes Contes ou fadaiſes
philoſophiques de Guillaume Vadé, p. 186 & 187.
Cette danſe érotique s'exécute encore à trois ou à quatre
dans certaines orgies, alors on la nomme triſſe, tri & triade,
& quatrain. La triade fut imaginée par le cardinal Simia
& l'on voit le tableau dans l'école des filles ou la philoſo-
phie des dames, poſture 6.e. Le quatrain ſe trouve décrit
dans le Portier, page 217. de l'édition de Rome (Paris) 1746.

N°. I.

DESCRIPTION *de la Figure de la nouvelle* Badine *par M. SAUTON.*

APRE's le grand rond.

1. Quatre en avant & en arriere, pendant que les autres balancent & rigodon se faisant face, & se reculant aux coins pour former deux lignes.
2. En avant & en arriere.
3. Les Cavaliers des bouts de la ligne, donnent la main droite aux Dames qu'ils ont en face, pendant que ceux du milieu, sans quitter leurs Dames, qui se donnent la main droite ; tous changent de place vis-à-vis.
4. Chaque Cavalier quittant sa Dame, reçoit celle du bout, de la main gauche, & s'ouvre sur deux lignes contraires aux premieres ; les Cavaliers à droite des Dames.
5. En avant & en arriere. Les Cavaliers évitant la Dame de leur gauche, vont donner les mains à celles qu'ils rencontrent, ce qui remet sur quatre places, mais quatre vis-à-vis la leur.

On répéte tous les mouvemens ci-dessus sur le sens contraires, & on se trouve vis-à-vis de ses places.

6. Présenter la main gauche à ses Dames pour les mettre en moulinet. Balancer & rigodon.
7. Les Dames quittant le moulinet, on fait la grande chaîne pour changer de deux places, puis s'ouvrir sur deux lignes ; les Cavaliers à la droite des Dames.
8. Tous en avant & en arriere.
9. Les Dames font un demi-tour de moulinet tenant la main gauche de leurs Cavaliers & la droite des autres tourner un tour.
10. Puis revenir de la gauche à leur Cavalier, ce qui remet tous les Figurans à leur premiere place. La main.

N.° 2.

N°. 2.

DESCRIPTION *de la Figure des Etrennes-Mignones, Contredanse nouvelle, par M. SAUTON.*

L'ON se place sur deux lignes, les Cavaliers au bout; en avant & arriere deux fois en place du grand rond.

1. Les Dames vont en avant & chassent croisé, pendant que les Cavaliers passent vis-à-vis & rigodon.

2. Les Dames font la petite chaîne de deux, pour passer au bout des autres lignes.

3. Tous en avant & en arriere.

4. Les deux Dames de chaque ligne se donnent la main droite pour passer au bout opposé, pendant que les Cavaliers font un demi-tour de moulinet.

5. Chaque Cavalier reçoit une Dame de la main gauche, & sans la quitter, on forme une grande chaîne; les Cavaliers ensemble, & les Dames de même. Balancer & rigodon, les huit.

6. Un quart de grande chaîne pour s'ouvrir sur deux lignes, les Dames au bout.

7. Les deux Cavaliers de chaque ligne chassent croisés, pendant que les Dames passent vis-à vis.

8. Les Cavaliers tournent au tour de la Dame des bouts, puis se donnent la main, ainsi que les Dames entr'elles, lesquelles se lâchent pour reprendre chacune leur Cavalier & se retrouvent tous à leur place. La main.

N°. 3.

DESCRIPTION de la Figure de la nouvelle Brunſvik, Contredanſe Allemande, par M. SAUTON.

APRE's les balancés & le grand rond.

1. Les Cavaliers tenant leurs Dames les mains croiſées, quatre Figurans prennent les places des autres qui ſont à leur gauche, leſquels paſſent en dehors pour aller faire face à ceux qui ſe trouvent en place vis-à-vis, faiſant une paſſe en chemin.

2. Les quatre qui ſont aux bouts ſe donnent la main droite en face & reçoivent de la gauche ceux qui étoient à l'autre bout de vis-à-vis, pendant que les quatre du milieu forment une demie chaîne Angloiſe.

3. Chaque Cavalier reçoit une Dame de la main droite, & avançant d'une place, l'on ſe remet ſur quatre places faiſant une paſſe.

On répete tous les mouvemens, ce qui met les Figurans vis-à-vis leur premiere place.

4. Quatre Figurans balancent ſur leur place, pendant que les autres font une demi-chaîne Angloiſe.

5. Et de ſuite, prenant les Dames des coins, on continue une grande chaîne juſqu'à ſes Dames, faiſant une paſſe, ſe trouvant tous ſur quatre places, quatre Figurans aux leurs, & les autres vis-à-vis.

6. On répete cette chaîne Angloiſe, & grande chaîne, ce qui remet tout le monde en placé. La main.

Nº. 4.

DESCRIPTION *de la Figure de la petite* Viennoise, *Contredanse Allemande par M. SAUTON.*

APRE's les balancés & le grand rond.

1. Les Cavaliers présentent la main gauche à leurs Dames, les mettent en moulinet, & tous balancent.

2. Les Dames quittant le moulinet, les Cavaliers vont faire un tour de main droite avec la premiere Dame & sans la quitter, se prennent eux-mêmes en moulinet de la main gauche & balancent tous les huit.

3. Les Cavaliers quittent le moulinet, vont faire une passe à l'autre Dame & se remettent sur quatre places vis-à-vis la leur.

4. Ils chassent tous croisés avec les Dames de la gauche, reçoivent les mains croisées de l'autre Dame, & avancent d'une place faisant une passe.

5. Le même chassé croisé avec la Dame de la gauche, & une même passe à l'autre Dame avançant encore d'une place.

6. Les Dames font un demi-tour de moulinet, l'Allemande vis-à-vis, & l'Allemande aux coins.

7. Puis elles reviennent à leurs Cavaliers, tournent un tour au tour d'eux, ensuite une passe.

8. La promenade, tous les huit, jusqu'à ses places. La main.

✱—✱—✱—✱—✱—✱—✱—✱—✱—✱—✱—✱

, N°. 5.

***DESCRIPTION** de la Figure de la* **Belzamire**, *Contredanse nouvelle par M.* **LANDRIN**.

Aprе́s le rond ordinaire.

1. En avant, quatre, & faire face sur les côtés avec la Dame de vis-à-vis.

2. En moulinet, un demi-tour, quatre par quatre, & rigodon.

3. La demi-chaîne Anglaise dans la même position, les Cavaliers présentant la main droite aux Dames qui leur font face, la gauche à la leur, & tourne un demi-tour sur place.

4. Balancer & rigodon.

5. Les mêmes, un demi-tour de rond, & à ses places. Les quatre autres répetent ces mouvemens sur l'autre sens. La main.

N°. 6.

***DESCRIPTION** de la Figure de la **Charmante**, Contredanse nouvelle par **M. LANDRIN**.*

Apre's le rond ordinaire.

1. Deux Cavaliers de face balancent devant leurs Dames, & rigodon.

2. Les mêmes, une demi-queue de chat, & tournent un demi-tour sur place.

3. En moulinet, quatre par quatre à droite, pour changer de place les huit, & rigodon.

4. En rond, quatre par quatre, pour que les premiers soient à leurs places & les autres vis-à-vis.

On répéte ses mouvemens, & l'on se trouve tous vis-à-vis de ses places.

5. Les premiers balancent devant leurs Dames, & rigodon, les mains croisées.

6. Ils passent ainsi entre les autres qui sont à droite, pour aller reprendre leurs premieres places.
Les autres en font autant pour finir. La main.

N°. 7.

DESCRIPTION *de la Figure de la* Belle-Amélie,
Contredanse Allemande nouvelle,
par M. LANDRIN.

Sur deux lignes : après avoir été en avant & en arriere en place du grand rond.

1. Deux Figurans de chaque bout des lignes entrent en dedans pour faire face aux autres des mêmes lignes.

2. En rond, quatre par quatre un demi-tour.

3. Les mêmes forment la chaîne Anglaise un tour, & se retrouvent à leur place. Les autres répetent les mouvemens.

4. Les deux premieres Dames se donnent la main droite sans quitter leurs Cavaliers, pendant que les autres balancent.

5. Ceux qui ont balancé passent sous les bras des autres pour changer de place, les Dames se lâchent & se retirent. On répete encore les mouvemens pour les autres, & tous se trouvent vis-à-vis leur place.

6. Balancer chacun devant sa Dame.

7. La demi-chaîne des Dames vis-à-vis.

8. La demi-chaîne des Cavaliers pour rejoindre leur Dames & les prendre les bras croisés.

9. Chassé de Marquise, qui remet à ses premieres place & une passe. La main.

Ce terme qui fait rire les petits-mais, fait penser aux vestige non imperat de Juvenal S. 6.

N°. 8.

DESCRIPTION de la Figure des Fêtes d'Allemagne,
Contredanse Allemande nouvelle,
par M. LANDRIN.

APRE's le rond ordinaire.

1. Quatre de face les mains croisées, font la demi-queue de chat.

2. L'Allemande aux coins, tous les huit un tour.

3. Les premiers balancent dans le milieu & font le moulinet jusqu'à leur place. On répete les mouvemens pour les autres.

4. Les premieres traversent sans se tenir, passent derriere les autres, puis entr'eux, pour revenir à leur place.

5. Chassés croisés les huit, & balancer.

6. La grande chaîne jusqu'à ses Dames. On répete encore les mouvemens pour les autres, & tous se trouvent à leurs places. La main.

✻✻✻✻✻✻✻✻✻✻✻✻

N°. 9.

*DESCRIPTION de la Figure de la Belle-Alliance,
Contredanse Allemande nouvelle,
par le sieur GUILLAUME.*

Apre's le rond ordinaire.

1. Les Cavaliers chassent avec les Dames de leur gauche
& présentent les mains croisées à l'autre Dame, lui
font faire une passe & changent de place avec elles.

2. On répete la même chose & tous les Figurans font
vis-à-vis leurs places.

3. Quatre vis-à-vis font la chaîne Angloise, pendant
que les autres balancent & tournent au tour de l'un
de l'autre.

4. On répéte cette même figure pour les autres.

5. Les Dames changent de Cavalier, à droite, & font un
tour d'Allamande avec lui.

6. Les Cavaliers vont rejoindre leurs Dames, leur font
faire une passe simple & les conduisent à leurs premieres places. La main.

Nº. 10.

DESCRIPTION *de la Figure de la* - Pauline, *Contredanse Allemande, par le sieur* GUILLAUME.

APRE's le rond ordinaire.

1. Quatre Figurans vont en avant, pendant que ses autres chassent ouverts, les premiers chassent ouverts & les autres se rapprochent.

2. Les Cavaliers font faire une passe simple aux Dames. On répete cette figure, avec attention que les premiers chassent ouverts & les autres vont en avant, & tous sont à leurs places.

3. Deux Dames se prennent la main droite, les Cavaliers passent sous leurs bras dos à dos pour changer de place & font un tour d'Allemande pendant que les autres répetent cette figure & tous sont aux places vis-à-vis.

4. Tous les huit font un tour dos à dos aux coins.

5. Chaque Cavalier prend sa Dame des deux mains & ils font un demi-tour de poussete en lacs, quatre vis-à-vis changent de place à droite en dedans, pendant que les autres en changent à gauche en dehors, on continue cette marche jusqu'à ses places. La main.

LA NOUVELLE BADINE
Par Mr Saulon Fils
fin
D.C.
2 fois la 1re reprise en rondeau et 1 fois
la 2me en rondeau.

N.º 2
L'ETRESNE-MIGNONE
Par M.r Sauton Fils.
D.C. P.º 
2 fois la 1.re reprise en rondeau et
2 fois de suite la 2.me

LA NOUVELLE-BRUNSVIK
Allemande.
Par M.ᵣ Sauton Fils.

2 fois la 1.ʳᵉ reprise en rondeau 2 fois
de suite la 2.ᵐᵉ

LA PETITE-VIENNOISE
Allemande
Par M.ʳ Sauton Fils.
2. fois chaque reprise.

LA BELZAMIRE
Contredanse Nouvelle
Par Mr la Hante
f
P
Forte
F
P

LA CHARMANTE.
Contredanse Nouvelle
Par Mr. la Hante.

LA BELLE-AMELIE
Contredanse Allemande
Par Mr. la Hante

LES FÊTES D'ALLEMAGNE
Contredanse Allemande
Par Mr. la Haute
f.
F f P
F
P

LA BELLE - ALLIANCE
Allemande
Par Mr. L.R.

LA PAULINE
Contredanse Allemande.
Par Mr. F.
majeur
fin
Da Capo
mineur
fin

Menuet
Par Mr. la Hante

Menuet
De Mʳ. la Hante.
FP
FP
F
Autre du même
P.f.
F
P
F
Coulubrier Scu.